GLOBALIZACIÓN

El autor Felipe A. Argote es economista. Posee un posgrado magna cum laude en docencia superior, maestría suma cum laude en Administración de Empresas con énfasis en Finanzas y estudios de doctorado en Administración de Negocios. Tiene una vasta experiencia como gerente de empresas y profesor de maestría. Presidente de la Comisión de Entorno Macroeconómico de la Asociación Panameña de Ejecutivos de Empresa (APEDE). Para nacional de la Comisión de Evaluación y Acreditación universitaria CONADEUPA. Ha publicado diversos libros entre el que sobresale *La Privatización del INTEL, Historia de la Economía: de los Mercantilistas al modelo Neokeynesiano y Cuarto Oscuro*. Publica su página web en donde escribe artículos de economía, literatura y otros temas:

www.elblogdefelipeargote.net

Presenta en YouTube el programa
economía 101

GLOBALIZACIÓN

FELIPE ARGOTE

EDICIÓN: CARMEN GERALD

DAJA EDICIONES

DANIEL ERNESTO ARGOTE VÁSQUEZ

JAHIR ALEXANDER ARGOTE GERALD

PANAMÁ

2015

www.elblogdefelipeargote.net

En YouTube economía 101

A mis socios

Daniel Ernesto Argote Vásquez

Jahir Alexander Argote Gerald

A mi esposa

Carmen Luzmila Gerald Barría

Agradezco a mis estudiantes de las clases de Análisis del Entorno del programa de maestría en administración de empresas de la Universidad Interamericana de Panamá.

Su constante búsqueda del conocimiento y avance tecnológico me obliga a permanecer perennemente actualizándome

A Daniel Ernesto Argote Vásquez y Jahir Alexander Argote Gerald por darle inspiración a mi vida.

A mi esposa, compañera y editora Carmen Gerald por su invaluable apoyo.

PREFACIO

Todos hablan de la globalización. Algunos para enrostrarle todos los males de la humanidad. Otros para endilgarle la razón mágica de su status económico. Pocos se han tomado la tarea de procurar explicar la génesis de este fenómeno de escala mundial.

Algunos autores que intentan una dilucidación se atreven a afirmar que la globalización se inicia con la llegada a América de los colonizadores españoles. Sustentan su tesis con el argumento que con esta colonización el mundo inicia a verse como uno sola aldea global. Esto es tan atrevido como iluso. Es como afirmar que la revolución industrial se inicia con el descubrimiento del fuego porque sin su calor hubiera sido imposible la creación de la máquina de vapor.

La globalización con todo el peso de ser un factor determinante en la economía mundial surge a finales de la década del ochenta del siglo XX y contrario a lo que algunos piensan, no es ni un sistema, ni un modelo económico. *La globalización es la transnacionalización del proceso productivo.* Esta tesis pretendemos demostrarla en los capítulos de este libro luego de lo cual esperaré pacientemente el análisis crítico de los especialistas y el enfrentamiento de la tesis en una discusión siempre conveniente entre los economistas a fin de mejorar y complementar los conceptos sin que esto signifique ni de cerca que pretendamos la unanimidad de criterios.

Para poder abonar a mi tesis inicio desarrollando los sistemas económicos desde el sistema primitivo, luego el esclavista, el feudal y finalmente el sistema capitalista. No incluyo al sistema marxista debido fundamentalmente a que no es pertinente al análisis del fenómeno de la globalización en sí.

Desde sus inicios la sociedad está determinada por la respuesta brindada a dos elementos y solo dos: Cómo adquirir los bienes que necesitamos y cómo distribuirlos una vez adquiridos. Todo el andamiaje jurídico, de seguridad, educativo, social, de salud y laboral, entre otros, está supeditado a estos dos elementos. Los sistemas económicos han brindado a lo largo de la historia de la humanidad la respuesta a este dilema. Los modelos económicos son las variantes a las que se acodan tales sistemas y los procesos productivos conviven pero no se matrimonian con estos modelos. Este es un elemento fundamental para el desarrollo de mi tesis sobre la globalización.

En cada sistema pueden existir un número determinado de modelos económicos y en la mayoría de los casos se desarrollan combinaciones de modelos por lo que la aplicación de un solo modelo en forma pura es prácticamente imposible. Sin embargo se puede determinar el modelo predominante en una sociedad.

No es nuestro objetivo desarrollar todos los modelos de cada uno de los sistemas económicos. Lo que pretendemos es desarrollar los más utilizados en el sistema capitalista a fin de que sirvan de base a la tesis fundamental que es la globalización. Por eso solo desarrollamos los sistemas económicos hasta el capitalista sin desarrollar el sistema socialista porque es secundario a efectos de la globalización y dentro del sistema capitalista desarrollamos el modelo liberal, el keynesiano, el neoliberal y el neo keynesiano en la medida que su explicación es necesaria para sustentar el significado de la globalización.

CONTENIDO

I SISTEMAS ECONOMICOS 17

II SISTEMA ECONOMICO PRIMITIVO 21

III EL SISTEMA ESCLAVISTA 25

IV FEUDALISMO: EL SIERVO DE LA GLEBA 29

V CAPITALISMO...33

VI LIBERALISMO 39

VII LIBERALISMO II 45

VIII KEYNESIANISMO..49

IX NEOLIBERALISMO 55

X NEOLIBERALISMO II 61

XI NEOKEYNESIANISMO 67

XII GLOBALIZACION..73

BIBLIOGRAFIA 85

OTRAS PUBLICACIONES DE DAJA EDICIONES 89

I SISTEMAS ECONOMICOS

Un sistema económico es el tipo de organización que adquiere un grupo de individuos a fin de organizar el proceso productivo. Dicho de otra manera, son las formas en que los miembros de una sociedad se dividen las tareas para producir los bienes que requieren para vivir y multiplicarse, tanto como los servicios que precisan para este mismo fin. Adicionalmente, en el sistema económico se establece la forma en que se distribuirá el resultado del esfuerzo de todos los miembros del grupo social. Esto incluye los que van a tomar las decisiones de que, y cuanto producir de los bienes y los servicios y quienes tomarán las decisiones de cómo distribuir lo producido, cómo se definirán los conflictos entre los miembros y qué tipo de mecanismos se tomarán para obligar a respetar las decisiones tomadas, tanto como la forma en que se defenderá el producto del esfuerzo de la sociedad de potenciales ataques de otros grupos sociales externos.

Como se hace evidente, el sistema económico no se limita a establecer los procesos productivos, que no es otra cosa que las diferentes fases o etapas que deben cumplirse para lograr el producto final o el servicio requerido. Por todo lo anterior el sistema económico no solo posee elementos de la economía en sí mismo sino también muy importantes elementos jurídicos que le dan respuesta a los conflictos entre los miembros, mediante la determinación de quién toma la decisión del que tiene o no razón y cuáles son las consecuencias de violar las reglas. Este ordenamiento jurídico está por supuesto subordinado al sistema económico y puede ser verbal o escrito y variar en el tiempo y circunstancia.

Desde un sistema económico primitivo el soberano toma decisiones autoritarias y la mayor parte de los miembros de la sociedad no poseen otro derecho que el de alimentación y reproducción. Las reglas pueden ser arbitrarias, pero el castigo es tan severo como lo determine el autócrata. Para que el sistema funcione todos los miembros de la sociedad, incluyendo los esclavos si los hay, tienen derecho a la alimentación y reproducción o de lo contrario no aceptaran su rol. Este rol de ser esclavos, los afectados están dispuestos a aceptarlos por duro que sea, a cambio de la seguridad de alimentarse primero y reproducirse después. Habrá excepciones de quienes no están dispuestos a aceptar su rol para lo cual existe un sistema punitivo en el cual algunos de los miembros de la sociedad se encargan de ser parte del brazo represivo. Estos a fin de tener una ventaja sobre los reprimidos tienen el derecho de portar armas, que puede ser un arma de fuego o simplemente una lanza, una espada o en los tiempos primitivos una quijada de buey con la cual reprimen a garrotazos la rebeldía de algunos tras el mandato del tirano.

Pero debe siempre haber un espacio para la esperanza y a la vez debe establecerse una justificación al hecho de que el líder tome decisiones arbitrarias. Para eso está el brujo, el hechicero, el mago que a título del sátrapa o convirtiéndose él mismo en el líder, justifica con motivos divinos sus decisiones arbitrarias. Asevera que su poder emana del más allá o del cielo infinito y asegura a los miembros de la sociedad subalternos que si obedecen las órdenes del ser superior, del cual el tirano es tan solo un intermediario, tendrán un futuro paradisíaco, pero después de la muerte.

La evolución a nuevos sistemas o aun la involución a sistemas menos avanzados como ha ocurrido en la historia no cambia las características intrínsecas del sistema económico. Las sociedades más evolucionadas establecen mecanismos para la toma de las decisiones y la determinación de sistemas complejamente elaborados para definir a los gobernantes, que pueden ser, a estos niveles de evolución humana, temporales y elegidos democráticamente, la forma jurídica en que se justifican y reprimen a los inconformes, y el ejército que defenderá los bienes. Pero fundamentalmente establecerán quiénes serán responsables de definir cómo se reparten los roles para producir, como se decidirá y quienes decidirán sobre lo que se va a producir y más importante, qué mecanismos se establecerán para definir cómo se reparte el producto y los servicios que se producen. Esto es el sistema económico.

II SISTEMA ECONOMICO PRIMITIVO

Los individuos, desde hace 50,000 años en que existe el llamado hombre moderno, han establecido estructuras para organizar el proceso productivo. A la vez se crean instituciones formales o informales para garantizar su funcionamiento. Sin embargo, el eje de la convivencia tiene siempre como objetivo garantizar que funcione el proceso productivo. Todo el resto de las instituciones se subordinan a ese objetivo.

Al menos en los primeros 40,000 años de este lapso, casi todo el proceso productivo se circunscribe a la caza y recolección. Es muy probable que este fuera igual durante 400,000 años, en el denominado periodo paleolítico, aunque un poco menos sofisticado. En esta última parte del periodo paleolítico que finaliza hace apenas 8,500 años grupos u hordas de cazadores recolectores vagaban detrás de los rebaños cazando, mientras algunos recolectaban frutos en el camino. El sistema económico no era muy sofisticado. Un líder, macho alfa que probablemente era el más fuerte, tomaba las decisiones de hacia dónde enrumbarse o tal vez solo lo seguían sabiendo que era el más capaz de capturar la presa. El resto de los hombres colaboraba al momento de la persecución o bien se acercaban al líder para defenderse en grupo del ataque de los depredadores que a su vez los atacaban para lograr su carne. Las mujeres menos fuertes y muchas veces embarazadas se responsabilizaban de cuidar a los niños pequeños, recolectar alimentos y garantizar la importante tarea de evitar que se apagara el fuego.

La estructura judicial era sencilla. Ante cualquier intento de tomar ventaja sobre algo y mostrar una actitud, que a juicio del líder era contraproducente, se le asesta un golpe con un objeto solido hasta causarle la muerte. El macho alfa era fiscal, juez y ejecutor de la pena.

La organización podía evolucionar, pero siempre el sistema seguía siendo estructuralmente el mismo. Al aumentar la población, al dirimirse disputas mediante la expulsión de un contrincante y su familia, se crean nuevos clanes que con el tiempo generan un nuevo elemento de especialización: la defensa de la tribu de otros grupos rivales. En este caso los hombres más fuertes pueden quedar a cargo de la primera línea de defensa mientras los más veloces se encargan de perseguir a las presas. Las mujeres y los niños entre tanto recolectan y cuidan del fuego.

Con el tiempo los cazadores recolectores inician a tener curiosidad sobre la naturaleza que los rodea o cuestionan el liderazgo del macho a cargo. Surgen entonces los brujos, los intérpretes de los fenómenos naturales y su relación con lo que es prioridad para la tribu: el conseguir alimentos, la actividad económica. Estos intérpretes, brincan, bailan, son posesionados por los espíritus, explican, comprenden los efectos de las plantas sobre el organismo y aprovechan esta ventaja para tomar un mejor rol en la distribución del trabajo, en donde no corren peligro de muerte o herida, pero garantizan su estabilidad económica ya que los cazadores recolectores temerosos le entregan ofrendas a cambio de su consejo o cura. Estos son los místicos, los chamanes. Esta ventaja puede servirle al líder, o permitirle al chamán convertirse en el líder de la tribu.

En el neolítico muchos de estas bandas se convierten en sedentarias al descubrir los procesos de producción agrícola, domando a los animales para tenerlos dispuestos al momento de comerlos y sembrando y cosechando los frutos. Sin embargo, el sistema económico sigue siendo el mismo. El líder de la tribu a veces con un consejo consultivo toma las decisiones unilaterales de qué producir, cuándo y cómo producir y finalmente la muy importante tarea de la distribución del producto final del esfuerzo colectivo lo decide el jefe en forma dictatorial.

Algunos hombres son les designados como brazo represor, tanto de las diferencias internas como los conflictos con grupos antagónicos por la disputa del territorio fértil, del agua, la caza y aun para defender lo producido o arrebatar lo que producen las otras tribus, por lograr capturar mujeres para expandir el número de miembros de la tribu y tener mejores posibilidades de defensa.

Este es el inicio de los grupos que luego serán armados, se sofistican y especializan para luego convertirse en determinantes en las decisiones, por el solo hecho de contar con mecanismos de disuasión represiva. Los líderes militares en poco tiempo serán justamente los gobernantes autoritarios de la tribu, sátrapas y caciques.

III EL SISTEMA ESCLAVISTA

Aclaremos que los sistemas no siempre inician todos juntos en la historia ni se extinguen tampoco al unísono. Pueden sobrevivir elementos de un sistema anciano muchísimos años después de su extinción en la mayor parte del planeta. Inclusive pueden coexistir sistemas en la misma época y hasta resurgir luego de siglos de su extinción. Adicionalmente no se puede confundir un sistema con el status de una parte de la población. En el antiguo Egipto se impuso la esclavitud a un grupo de prisioneros de guerra con sus familias, que servían en tareas de construcciones publicas tales como pirámides y monumentos, sin embargo, el sistema económico estaba basado en la producción agrícola por parte de los campesinos egipcios que constituían el 90% de la población, en un sistema muy parecido pero diferente al feudalismo.

El esclavismo como sistema predominante se desarrolló en la Grecia antigua. En aquella época se calculaba que por cada dos ciudadanos atenienses que habitaban en la ciudad estado, vivían tres esclavos. La esclavitud era el sistema económico dominante de la época. La producción agrícola, la ganadería y la construcción estaban a cargo de los esclavos. Estos eran propiedad de los amos y no tenían derechos civiles. La producción y la reproducción de los esclavos eran responsabilidad de los amos. Los esclavos estaban dispuestos a aceptar su situación a cambio del alimento, el techo y la reproducción. Preferían este status a morir por su libertad. La reproducción de los esclavos era conveniente para los amos porque aumentaban el número de cautivos disponibles para el trabajo.

La existencia de la esclavitud como sistema económico o modo de producción para algunos investigadores, determinó que la población libre tuviera tiempo para la creatividad, las artes, el comercio, la construcción, la guerra.

De ahí que el sistema esclavista desde el siglo V a. C. en Grecia hasta la época romana clásica, viera surgir filósofos como Platón y Aristóteles, médicos como Hipócrates, matemáticos como Pitágoras, ingenieros como Arquímedes, poetas como Homero, entre otros, porque el trabajo físico era considerado indigno para un hombre libre.

Sin embargo, lo intensivo del trabajo hacía que los esclavos tuvieran una vida corta, lo cual determinaba que la mayor fuente de nuevos esclavos eran las guerras de conquista que permitían tomar cautivos. Lo trascendente es confirmar que toda la actividad política y la organización de la sociedad giraban alrededor de la conveniencia del sistema y no a la inversa.

Así como en el sistema primitivo, el avance en los métodos de producción, especialmente agrícola, determinaron que la sociedad contaba con recursos para financiar tanto a los arquitectos, matemáticos, ingenieros que crearon las pirámides, como a los esclavos que físicamente la construyeron, así el sistema esclavista establecía los mecanismos económicos para financiar a los oradores y los oficiales militares tanto como los soldados que garantizaban el reclutamiento de más esclavos disponibles para que continuara el proceso productivo. Al momento que la sociedad no pudo expandirse, no pudo lograr atrapar esclavos suficientes, pues se ya había caído el sistema esclavista. Tal cosa ocurrió en Roma cuando el imperio ya no tuvo la capacidad de expandirse y los antes llamados bárbaros eran justamente los soldados que defendían el imperio, por lo tanto, los ciudadanos se vieron obligados a trabajar ellos mismos la tierra, con lo que se modifica el sistema.

En cambio, en amplias regiones, resurge el sistema esclavista sobre todo en América a finales del siglo XV cuando los aventureros españoles aplican la esclavitud a los indígenas. Aunque en general el sistema en América era feudal y semi feudal, en amplios sectores como en México, en las minas de Potosí y en la Nueva Granada, la economía minera estuvo basada en la esclavitud de la población indígena, determinante en la reducción de casi un 70% de la población originaria, diezmada por el inhumano régimen laboral, la separación forzada de los jóvenes enviados a las minas por los españoles, por lo que no se podían procrear, y las enfermedades, la mayoría venéreas, traídas por los europeos, para las cuales los indígenas no poseían anticuerpos. Luego la esclavitud se mantiene con los negros traídos de África en el Caribe, Brasil y el sur de los Estados Unidos donde el sistema esclavista es determinante en la producción agrícola hasta el siglo XIX.

IV FEUDALISMO: EL SIERVO DE LA GLEBA

Históricamente existen grupos bien ilustrados que deciden por el conjunto de la sociedad cual será la división de las tareas en el proceso de producción y cómo será la distribución de los bienes producidos. Por supuesto que estos sistemas le serán convenientes a sus propósitos egoístas. Sin embargo, para consumo del vulgo, es necesario colmarlo de material ideológico que les motive a discurrir que su propósito en la vida es inmanente a un destino preconcebido por fuerzas superiores a nuestro intelecto.

Así por ejemplo, si el nazismo le dijera al pueblo alemán que su propósito era desatar una guerra para recuperar los insumos, carbón y acero arrebatados por los aliados de la triple entente en el tratado de Versalles que finaliza la primera guerra mundial, insumos necesarios para su industria y el mercado para sus productos, así como una mano de obra barata, muy pocos hubieran dado la vida por el fúher. Pero si se convence al pueblo que la raza aria es la raza superior y su destino está ligado a un propósito divino, que les constriñe a dominar el mundo, todos estarán marchando al unísono con paso de ganso, el brazo en alto, colmados de adrenalina, dispuestos a dar la vida por el objetivo de dominar el mundo en un nuevo orden mundial dirigido por los germanos.

Esta introducción tiene como objetivo poner en perspectiva el sistema económico feudal. Al desbarrancarse el imperio romano, se viene abajo a su vez el centralismo de este sistema esclavista. Por tanto, surge un sistema descentralizado en donde un monarca o rey se hace cargo de un territorio mediante el control de un ejército.

El dominio territorial queda a cargo de señores de la guerra que pagan tributos al rey a cambio del respeto a sus señoríos. El señor feudal controla tanto la tierra como a los campesinos que viven en ellas. Ellos no son esclavos, son siervos a los cuales se les permite vivir en los dominios del feudo. A cambio de permanecer en las tierras, los campesinos deben dar la parte de la cosecha que les imponga el señor feudal quien los protegerá de invasiones vecinas con su ejército.

Por supuesto que este sistema contractual es muy bien comprendido por los dirigentes del feudo, aunque para efectos del vulgo la estructura debe llenarse con ideología: El rey es el representante de Dios en la tierra. Esto lo confirma la santa iglesia que lo corona como tal a nombre de Dios. Las tierras son por tanto propiedad del rey, quien la da en concesión a los señores feudales, a quienes les confiere algún título nobiliario como conde, duque, marqués, etc. Para acceder a este título debe tenerse sangre real, así se desembarazaban de algún líder campesino que quisiera ocupar la posición de noble. Solo los familiares del rey tienen sangre real, por tanto, solo ellos pueden ser nobles.

El feudalismo era un sistema descentralizado formado por tres grupos bien delimitados: los militares, los religiosos y los campesinos, con roles muy bien definidos. Los militares eran responsables de cuidar militarmente el feudo, expandirlo mediante la guerra y conseguir mayores riquezas arrebatándoselas a reinos de los alrededores, o bien irse más lejos a la llamada tierra santa a expulsar a los judíos y musulmanes y de paso arrebatarles sus riquezas en nombre de dios.

Los religiosos bendecían las batallas y sus atrocidades y confirmaban la disposición divina de que los nobles actuaban a nombre de dios. Los campesinos eran los que mantenían con su trabajo tanto a curas como a guerreros, pagando obligatoriamente el diezmo y otros impuestos a la iglesia y parte de su cosecha a los nobles.

El noble por disposición divina bendecida por el clero era el que administraba la riqueza producida por los campesinos. La iglesia confirmaba que este era el orden dispuesto por dios, impartía justicia y castigaba a quien se opusiera a este orden ya que era oponerse a dios. La muerte en la hoguera, tanto como los castigos más brutales e inhumanos como el potro de la tortura fueron inventados por los curas para quienes no se adecuarán a las disposiciones divinas.

Los vasallos debían serle fieles al señor feudal lo cual incluía estar dispuesto a acompañarlo a la guerra. El siervo de la gleba o vasallo de la tierra, es el grupo humano que surge de la relación contractual procedente de los últimos tiempos del imperio romano.

Tanto los esclavos libertos, como los barbaros que se quedaron en la tierra luego de las guerras, como los plebeyos, establecen acuerdos de protección con un señor de la guerra que posee los soldados adiestrados y el armamento necesario para defender a los siervos. Mientras los soldados luchan, atacan, defienden y se entrenan, los siervos producen lo necesario para mantenerlos.

En América el predominante sistema feudal se combina con la esclavitud de indígenas primero y negros traídos de África posteriormente. En este caso especial la corona española logra instalarse en los mejores sitios del nuevo continente porque es la única que posee el capital necesario para financiar el proyecto colonizador. Esto lo logra mediante el edicto de Granada en julio de 1492, que expulsaba a todos los judíos de Castilla y Aragón y les obligaba a dejar tras de sí oro, plata, caballos y armas. Todo el resto de sus riquezas podían venderlas por letras de cambio de valor nulo fuera de España. Esto le da la ventaja para financiar la colonización por encima de Inglaterra que se tuvo que conformar con establecer bases en las islas del Caribe para piratear las riquezas que a su vez los españoles robaban a los pueblos originarios de nuestro continente.

En América, la corona española instala un régimen de administración feudal con la denominada encomienda, en donde el encomendero no era propietario de la tierra, el rey se la otorgaba para explotarla a su nombre, aunque de paso esclavizaba a sus vasallos indígenas que se le asignaban.

El feudalismo se inicia con la caída del imperio romano a finales del siglo IX y principios del siglo X en Francia primariamente. Termina con el surgimiento del capitalismo en el siglo XVIII en Inglaterra, poco antes del surgimiento de la revolución industrial.

V CAPITALISMO

Reitero que los humanos, como condición primaria, necesariamente deben establecer mecanismos para organizar la producción de bienes y luego estipular la proporción en que se fraccionará la distribución de lo producido entre los miembros de la sociedad. Todo lo demás gira alrededor de este objetivo. Esto no necesariamente significa que los roles que se instauran sean justos. Una serie de variables determina quién es el que controla y dirige la producción y lo más importante, quien fija la proporción que le corresponderá a cada uno en la distribución de lo producido.

Hemos visto que, en el sistema económico primitivo, un grupo o un solo hombre era el que decidía hacia donde caminar en busca de las presas, a quienes se encomendaban de enfrentarlas y matarlas, quién a la vez se hacía cargo de la recolección de alimentos y quién estaba a cargo de garantizar la permanencia del fuego, tan importante para mantener el calor y probablemente cocinar las piezas de la caza.

Luego en el esclavismo, la división de las tareas de producción estaba simplificada a quien era el amo y quien era el esclavo. Los amos tenían el control de las armas, mientras los esclavos en su gran mayoría estaban dispuestos a aceptar su rol mansamente ya que era el sistema que imperaba, siempre que se le garantizara el alimento y la reproducción.

En el feudalismo las personas eran relativamente libres pero la propiedad de la tierra los ataba a un señor feudal si eran nacidos siervos, por lo que tenía que sujetarse al mando del noble, aquel miembro del sector social dominante que impedía la entrada de nuevos miembros, por lo que la decisión de qué producir y cómo distribuir la producción estaba determinada por la ubicación social que a su vez estaba definida por la herencia.

Al caer en crisis el sistema feudal, surge un nuevo sistema en donde la decisión de qué, cómo y cuándo producir, así como la distribución de la producción está determinada por la posesión del capital.

En este caso no importa la procedencia del individuo, si logra ostentar capital decidirá unilateralmente cómo desarrollar la producción y cómo distribuirla. Por supuesto que los dueños del capital establecerán reglas y medidas para evitar la entrada de nuevos miembros. Estos mecanismos ya no son por ser parte de la nobleza, pero se establecen trabas tales como los apellidos ilustres, la nacionalidad y por supuesto la raza como método de procurar que no haya mayores cambios en la ubicación social de los individuos.

El capitalismo surge entonces de la mano de la revolución industrial en el siglo XVIII justamente en Inglaterra. El surgimiento del capitalismo cuyo modelo económico favorito es el liberalismo, tiende a confundir a muchos, que llegan a concluir que el capitalismo y el liberalismo son lo mismo. Craso error. El liberalismo no es otra cosa que un modelo económico de los diversos que puede soportar el sistema capitalista para adaptarse a nuevos escenarios.

El capitalismo está determinado por características muy claras: los medios de producción están fundamentalmente en manos privadas, los propietarios de capital son libres de desarrollar la producción que les parezca conveniente para lo cual contratan mano de obra libre con la cual establece un pago por su trabajo. La riqueza generada por el proceso productivo es propiedad del capitalista, quien entrega a sus trabajadores la parte que acuerda con ellos en ventaja.

Al igual que en los sistemas anteriores la relación entre el que organiza la producción y distribuye lo producido y el resto de la población no es necesariamente justo. La justicia no es un determinante del proceso. El trabajador en el sistema capitalista acepta o no el salario ofrecido, ya sea porque le parece justo o porque no tiene otra opción.

Así como el esclavo acepta su rol en la sociedad porque no tiene otra opción y solo ruega a un ser superior y omnipotente que su amo sea justo, conformando su medida de lo justo en que no lo agreda salvajemente y le permita un mínimo de momentos felices, así el trabajador en el sistema capitalista desea tener la mayor parte posible del producto del trabajo de la sociedad para su beneficio y el de su familia.

En el marco de este o cualquier sistema económico, sectores no conformes enfrentan sus condiciones o enfrentan el sistema en su conjunto. En el esclavismo había levantamientos esclavos. El más importante levantamiento de los esclavos ocurrió en Haití, que determinó el nacimiento del primer estado independiente de América y la primera revolución esclava triunfante. Así pueden existir confrontaciones entre el propietario y los trabajadores a quienes no les parece justo la parte asignada por el empresario por lo que organizan huelgas. También pueden surgir grupos que no solo no les gusta el monto que se les asigna, tampoco les gusta el sistema, por lo que lo enfrentan y procuran destruirlo.

Una confusión consuetudinaria es considerar que, si el estado se introduce en las relaciones entre el capital y el trabajo estableciendo el monto mínimo del salario o elevando los impuestos a las empresas para redistribuirlo entre la población en forma de subsidios, el sistema deja de ser capitalista. Aunque el estado sea empleador de una parte importante de la población si la relación sigue siendo de mano de obra libre y el propietario de los medios de producción fija cómo se distribuye el excedente, el sistema es capitalista.

El sistema capitalista surgido en medio de la revolución industrial tuvo sus ideólogos sin lugar a dudas en Adam Smith y David Ricardo, sin embargo, dada las limitaciones de la época en que se desenvolvieron no era posible que pudieran percatarse de la amplitud de posibilidades y de adecuaciones del sistema. No existían siquiera las transnacionales en su época y ambos estaban convencidos que el valor de la mercancía estaba determinado por el trabajo que implicaba su producción. Es muy probable que ambos economistas clásicos creyeran estar definiendo un sistema y no tan solo un modelo económico. Sin embargo, el liberalismo que a inicio del siglo XX ya se había asentado como el modelo ampliamente predominante en el planeta, tuvo su crisis en 1929 con la gran depresión.

Esta crisis hizo caer el modelo liberal propuesto y defendido por Adam Smith y David Ricardo, pero en vez de llevarse a rastras el sistema capitalista lo que hizo fue adecuarse a la nueva realidad, con la implementación del modelo generado por el brillante economista escocés John Maynard Keynes.

Luego ese modelo conocido como keynesiano hizo crisis en 1982, con la llamada crisis de la deuda. Esto tampoco hace que el sistema capitalista se derrumbe, por el contario lo que sucede es la modificación del sistema económico con el surgimiento del modelo denominado neoliberal por muchos, austriaco por unos cuantos. Este modelo cae en aprietos posteriormente con la crisis hipotecaria norteamericana que devino en la crisis financiera mundial. Pero el modelo tampoco se desbarrancó. En cambio, surge el denominado modelo neo keynesiano que se adapta a un mundo globalizado tal como se adaptó el keynesianismo a un planeta con empresas transnacionales en la década del treinta del siglo pasado.

Este modelo neo keynesiano en proceso de afianzamiento es el que rige actualmente el sistema capitalista.

VI LIBERALISMO

Para hablar del modelo liberal debemos introducirlo contando la historia de su ideólogo, el escocés Adam Smith Douglas. Nació en un pequeño pueblo de escocia denominado Kirkaldi. A los tres meses de nacido quedó huérfano de padre. Su madre era hija de un terrateniente de la comarca. A los cuatro años se dice que fue secuestrado por unos gitanos. Luego de mucho buscarlo se le encontró abandonado en medio del bosque. A los catorce años salió del pueblo luego de terminar la escuela elemental como buen estudiante, especialmente dotado de una gran memoria. Unos años después se fue a estudiar a la universidad de Glasgow. Tres años más tarde salió de Glasgow habiéndose ganado una beca para estudiar en la prestigiosa universidad de Oxford. A la edad de 23 años se graduó de Oxford y se dedicó a disertar en conferencias por algunos años. En esta época conoció a David Hume el filósofo, economista e historiador ateo escocés que fue su más allegado amigo.

Fue profesor de ética y lógica por 12 años. Durante esta época de docente publicó en 1759 **"Teoría de los sentimientos morales"** un libro de filosofía que sin embargo expone por vez primera su famosa teoría de la mano invisible, en donde sustenta que el egoísmo humano sin proponérselo determina un bienestar para el conjunto de la sociedad.

En 1774 partió para Francia donde conoció a Voltaire, ideólogo de la burguesía liberal y a Francois Quesnay, un médico cirujano que fue uno de los fundadores de la fisiocracia o gobierno de la naturaleza. Este grupo fisiocrático instituyó la frase *"laissez faire, laissez passer"* "dejar hacer dejar pasar" quienes estaban convencidos que no debía existir nada que evitara que la economía fluyera por si sola sin la influencia de un poder estatal. Esta fue de gran influencia para Adam Smith, ya que los fisiócratas reaccionaban ante los mercantilistas, quienes sostenían que el volumen del comercio internacional era inalterable o *"un juego de suma cero"*, por tanto, era necesario que las naciones procuraran exportar lo más posible e importar lo mínimo para fortalecerse.

En 1776 publicó su obra maestra y que lo hace merecedor del título de padre de la economía: ***"Ensayo sobre la riqueza de las naciones"***. A pesar de que muchos de las elaboraciones de este libro ya habían sido desarrollados antes, el ensayo sintetiza el pensamiento liberal desde una perspectiva económica y divorcia a la economía como una ciencia independiente. Ya existía el liberalismo como filosofía. Adicionalmente propone y aporta la llamada ley de la ventaja absoluta y la concepción de la especialización en el trabajo, de gran valor para la revolución industrial. En el aspecto de la ventaja absoluta Smith, como ideólogo de la perspectiva liberal de la economía, desarrolla esta ley, la cual en términos generales sustenta de forma matemática la conveniencia del intercambio internacional, tomando como parámetro el trabajo como medida común del valor. Según Smith los países deben especializarse en aquel producto en donde son más eficientes y adquirir del extranjero aquel producto en que se es menos eficiente. Siendo que según Smith la medida común del valor del producto es el volumen de trabajo necesario para producirlo, debemos calcular en qué productos utilizamos mayor volumen de trabajo comparativamente a otro país y en cual comparativamente utilizamos menos, para producir el mismo volumen de producto. De esa forma podemos decidir en qué productos debemos concentrar nuestros esfuerzos. Recordemos nuevamente la época en que escribe Adam Smith. No existían las empresas transnacionales, que surgen a finales del siglo XIX. Se explica entonces que, al comparar eficiencias productivas entre países, no tome en cuenta la eficiencia de empresas que se encuentran produciendo bienes y servicios en ambos países a la vez.

Adam Smith, al proponer el modelo liberal, estaba elaborando algo novedoso para la época (1776). Era un momento histórico, en donde todavía había presiones feudales y semi feudales que insistían en no permitir la libre empresa. Adam Smith sustenta que el objetivo del lucro es conveniente para la sociedad, cuando Smith habla que el objetivo del panadero al levantarse temprano para amasar el pan no es nada altruista. El panadero no está pensando en brindar un servicio público ni se interesa en ese momento en el bien de la humanidad ni muchos menos. El panadero se levanta temprano simplemente buscando el lucro personal que obtendrá al momento de vender el pan, pero con ese objetivo de lucro, este afán egoísta, el amasador de harina le hace un bien a la sociedad porque los trabajadores pueden saciar su apetito antes de iniciar su faena. El lucro personal es pues conveniente para el conjunto de la sociedad.

Según Adam Smith el libre mercado es una necesidad para no limitar las posibilidades de expansión de la producción que brinda la división del trabajo. El comercio internacional es a su juicio beneficioso para ambas partes de la ecuación siempre que el país se especialice en aquello en donde es más eficiente.

Otro elemento interesante en la perspectiva de Adam Smith es la total confianza en las leyes del mercado. Smith se refería a una mano invisible. Según el economista, las decisiones individuales que toma cada persona conducen como una mano invisible al mejor resultado para el conjunto de la sociedad. Un análisis simplista llevaría a esta misma conclusión.

Si los productos suben de precio, los compradores adquirirán menos de éstos por ser caros. Esto sin duda llevaría irremediablemente a los productores a reducir el precio a fin de poder venderlos o bien lo atractivo en el precio llevará a los individuos a elevar la producción de ese bien. Este fenómeno hará que el bien se vuelva abundante, lo cual le hará bajar de precio por su propio peso.

En una sociedad ingenua esto es posible que ocurra. Evidentemente cualquier analista alerta se peguntará qué pasa si los productores se ponen de acuerdo en un precio que sin que sea los suficientemente alto que evite que los demandantes no lo adquieran, garantice un nivel adicional de ganancia a los productores por encima de lo que indica el precio de equilibrio. Especialmente los productos inelásticos, estos son aquellos en los que un aumento en el precio determina una reducción proporcionalmente menor en la demanda. Si por ejemplo el estado no controla los precios de los alquileres de departamentos, es posible que en un mercado controlado por un grupo de propietarios éstos determinen aumentar en 10% el precio de los alquileres.
Independientemente de las pretensiones de los habitantes, no podrían evitar el aumento tomando la decisión de

mudarse. Primero porque todos los alquileres subieron y segundo porque la proporción de aumento no es lo suficientemente impactante como para que se decida invertir en una mudanza, que probablemente requiera de una inversión mayor que el aumento del alquiler.

Aunque el modelo propuesto por Adam Smith puede presentar muchos cuestionamientos, hay que ser reiterativo en que fue la expresión de un sector de la sociedad hace más de doscientos años que se imponía en una época de grandes transformaciones económicas y sociales.

VII LIBERALISMO II

No podemos terminar de desarrollar los aspectos más relevantes del modelo liberal si no incluimos a David Ricardo. Este economista inglés vivió unos años después de Adam Smith. No se interesó en la economía hasta que leyó, mientras estaba de vacaciones con su esposa, los escritos de Adam Smith a la edad de 37 años.

De David Ricardo se podría decir que la historia de su árbol genealógico es la historia de la evolución de la actividad financiera. Sus antepasados fueron judíos sefarditas expulsados de Portugal como miles que salieron de España primero y luego de Portugal perseguidos por la santa inquisición de la iglesia católica que inició el monje dominico Tomás de Torquemada y Fernando e Isabel, los reyes católicos, con el decreto de Granada que expulsaba a 200,000 judíos españoles por no querer convertirse al cristianismo y llevándose con ellos los conocimientos del negocio de la usura. Los antepasados de Ricardo salieron de Portugal hacia Holanda donde seguramente se desarrollaron en el negocio de préstamos que acostumbraban en España y Portugal para luego evolucionar a otras actividades financieras que llevaron con el tiempo al surgimiento de los bancos. Luego sus más cercanos antepasados se trasladaron a Inglaterra, seguramente tras la huella de la actividad bancaria que de Holanda se trasladó a Londres. Aquí su padre se dedicó a laborar en la bolsa de valores de Londres, en donde llevó a su hijo David a trabajar desde los catorce años. Todos esos años de generación en generación, siendo fieles a sus principios religiosos independientemente de las persecuciones antisemitas, terminaron con el matrimonio por fuera de la fe judía de David Ricardo con una cuáquera inglesa. Esto no lo pudo soportar la madre de Ricardo y de sus dieciséis hermanos, por lo que nunca le volvió a dirigir la palabra hasta el día de su muerte.

David se hizo inmensamente rico en el negocio de la bolsa a muy temprana edad. Se interesó por la economía ya pasados los cuarenta años cuando inició sus escritos mediante cartas que enviaba a los periódicos.

En 1917 publica su libro: "Principios de Economía Política y Tributación". A David Ricardo se le reconoce su aporte teórico en la llamada ***"Ley de la Ventaja Comparativa"***. En ella profundiza los trabajos de Adam Smith que según recordamos expuso la ley de la ventaja absoluta. Ricardo sustentaba que a pesar de que un país pudiera ser más eficiente que otro en varios o todos los productos, aun así, es beneficiosa la especialización y el intercambio mediante el comercio internacional. De forma tal que el país con mayor ventaja debía especializarse en aquel producto en el cual su ventaja era mayor e importar el producto en que aun siendo más eficiente la diferencia de eficiencia es menor. Así por ejemplo si Inglaterra es más eficiente produciendo vino y produciendo queso que Portugal, si con 3 trabajadores Inglaterra puede producir 12 botellas de vino y 5 quesos en un número de horas y Portugal en cambio puede producir 4 vinos y 4 quesos en el mismo tiempo, con el mismo número de trabajadores, entonces Inglaterra debe especializarse en la producción de vinos y dejar que Portugal produzca los quesos aun pudiendo ser más eficiente. Esto es así porque si Inglaterra quiere producir ambos y no importar tendrá que dividir los trabajadores. En tal caso utilizaría 2 para producir vino llegando a un nivel de 12 botellas y uno para producir queso, produciendo 5 quesos. En cambio Portugal produciría con igual número de trabajadores 4 botellas de vino y 4 quesos.

Si se especializan Inglaterra produciría 18 vinos y Portugal 12 quesos. Inglaterra cambiaria 5 botellas de vino por 7 quesos con Portugal. Así Inglaterra tendrá entonces 13 botellas de vino y 7 quesos y Portugal lograría 5 botellas de vino y 5 quesos. En este caso Inglaterra gano 1 botellas de vino y 2 quesos y Portugal gano 1 botella de vino y 1 queso.

David Ricardo fue miembro de la cámara de los comunes del parlamente inglés hasta el día de su muerte y amasó una gran fortuna.

VIII KEYNESIANISMO

John Maynard Keynes, fue hijo de John Nevile Keynes, un economista de Cambridge seguidor de las ideas de Alfred Marshall, el fundador de la corriente económica conocida cono la escuela de Cambridge. También se le considera a Marshall el fundador de la corriente del estado de bienestar, pues según su propia afirmación, consideraba que el objetivo final de la economía no es otra cosa que la solución de los problemas sociales.

Keynes nace en 1883 en Cambridge, Inglaterra. Luego de estudiar matemáticas, John Maynard decide especializarse en economía siguiendo el camino de la influencia de Marshall quien era amigo de su padre. A la edad de 23 años se va a trabajar a la India durante dos años. Allí publicó: "La moneda india y las Finanzas". Posteriormente regresa y se coloca como profesor en la Universidad de Cambridge en donde permanece durante siete años. En 1918 Se casó con Lydia Lopokova, una bailarina del ballet ruso. En 1919 es nombrado como uno de los representantes de la Gran Bretaña en el establecimiento del llamado Tratado de Versalles, que aplica un duro régimen de reparaciones a Alemania luego de su rendición en la primera guerra mundial. Keynes renuncia ese mismo año por mostrarse en contra de los niveles de castigo contra los alemanes aduciendo que eran los montos impuestos al país derrotado eran impagables y que iban a causar graves daños a la economía alemana con efectos negativos para el resto del mundo. Ese mismo año publica: "Las consecuencias económicas de la paz". En 1926 se presenta en Oxford donde dicta la conferencia: "El final del Laissez Faire" en donde critica a las corrientes individualistas liberales que sin embargo sirvieron a finales del siglo XVIII para cambiar los conceptos de derecho divino de los reyes por el concepto del contrato social y la libertad individual, y para remplazar el concepto de derecho divino de la iglesia por la tolerancia y el concepto de que la iglesia es un conjunto de individuos que caminan juntos por decisión propia y no impuesto al mejor estilo de Torquemada.

Ésta crítica al laissez faire liberal y al concepto de la mano invisible y que el egoísmo es conveniente para la sociedad, lo desarrolla tres años antes de la gran recesión de octubre de 1929. La recesión se prolonga hasta mediados de la década del treinta debido a la terquedad de los economistas liberales que insistían en que no debía haber ningún tipo de intervención para solucionar la crisis. Franklin Delano Roosevelt sin duda tomó las ideas keynesianas cuando inaugura el llamado "New Deal", el estado comprometido y garante de la salud, la educación y el trabajo de los miembros de la sociedad.

Sin duda el mayor aporte de Keynes está contenido en el libro: "Teoría General de la Ocupación, el Interés y el Dinero" en donde analiza la gran recesión iniciada con la caída de la bolsa de valores de Nueva York. Es Keynes quien logra introducir como un elemento primordial para explicar la reducción del consumo la llamada propensión marginal al ahorro. Esto es que a mayor ingreso las personas tienden a reducir el porcentaje de sus ingresos que dedican al consumo y en cambio aumentan el porcentaje dedicado al ahorro. Esto es así porque la capacidad de consumo de un individuo tiene un límite. Así, si alguien que gana salario mínimo se le eleva el salario es muy probable que casi la totalidad de la diferencia la dedique a comprar más alimentos, ropa etc. En cambio, si alguien que posee alto nivel de ingreso recibe un aumento considerable en sus ingresos es muy probable que gran parte de sus ingresos adicionales lo deposite en un plazo fijo.

Adicionalmente considera que en periodos de recesión el estado debe, a costa de ser deficitario, impulsar el crecimiento de la demanda mediante planes de obras públicas que reduzcan la depresión del salario. Estas medidas, según Keynes, elevan la demanda, lo cual hace que los inversionistas se decidan por crear empresas que respondan a esta demanda lo que a su vez eleva el crecimiento económico como una espiral.

Keynes también representó a Inglaterra en la Conferencia de Bretton Woods en 1944 donde se establecieron las reglas para las relaciones financieras internacionales en la posguerra. Allí Keynes propuso crear el International Clearing Union, una institución cambiaria que emitiría una moneda internacional que sería canjeable por las monedas de los países de las Naciones Unidas a un cambio fijo. Su plan fue derrotado por el presentado por Estados Unidos a través de su representante Harry D. White. Los Estados Unidos era poseedor del 80% de todo el oro del mundo y era acreedor de sus aliados a quien le había vendido armas y hecho préstamos, aprovechando que no participó en la guerra hasta 1942 y que el teatro de la conflagración no tocaba el territorio continental de los Estados Unidos. Así que impuso un patrón dólar oro con un valor de 35,00 dólares la onza como precio fijo. Además, se creó en esta conferencia el Banco Mundial y el Fondo Monetario Internacional. En 1973, cuando el precio del oro dejó de ser conveniente para los Estados Unidos, cuando Francia e Inglaterra solicitaban que se les cambiaran sus excedentes de dólares por oro, según lo convenido en Bretton Woods, Richard Nixon, quien ocupaba la silla presidencial de los Estados Unidos de América, eliminó unilateralmente el patrón y devaluó el dólar para tener ventaja en las exportaciones de los productos norteamericanos.

El modelo Keynesiano se hizo fuerte durante todo el periodo de la posguerra. Para la mayor parte de los economistas, fue el responsable del auge de la economía mundial posterior a la segunda guerra mundial. Sin embargo, los economistas neoliberales de la escuela austriaca, consideran que esto no es cierto.

El modelo económico elaborado por Keynes es el marco de referencia del llamado modelo de sustitución de importaciones aplicado en Latinoamérica, que fundamentalmente promueve la sustitución de los productos importados mediante políticas de incentivo a la industria nacional. Este modelo impulsa la participación directa del estado en la economía compitiendo en algunos casos con la empresa privada, pero incentivando la creación de industrias nacionales a la vez que estableciendo todo tipo de trabas a la importación de productos que compitan con aquellos producidos por la industria nacional. Todo los que podemos producir no lo debemos importar. Si existen fábricas de zapatos suficientes para cubrir el mercado nacional, no debemos permitir la importación de zapatos. Esta corriente del keynesianismo fue lo que en Panamá creo en la década del setenta la inversión estatal que llevó al estado a ser dueño de "La Fuerza y Luz", una empresa trasnacional norteamericana que nacionalizó y transformó en el Instituto de Recursos Hidráulicos y Electrificación

(IRHE) y el Instituto Nacional de telecomunicaciones (INTEL), la creación de empresas estatales como Cemento Bayano, Air Panamá, Cítricos de Chiriquí, varios ingenios azucareros, entre otros.

No podremos nunca saber si para el propio autor del modelo, este es el tipo de intervención estatal a la que refería como generadora de demanda agregada o si es una degeneración del concepto, ya que Lord John Maynard Keynes, quien fue nombrado Barón por Jorge VI de Inglaterra en 1942, en plena segunda guerra mundial y por tanto fue parte de la cámara de los lores, murió de muerte natural en 1946 poco después de terminada la gran conflagración.

IX NEOLIBERALISMO

Para iniciar la exposición del modelo neoliberal debo reiterar que, existiendo un número indeterminado de corrientes económicas, es muy difícil establecer los límites que dividen cada una de ellas de forma inexorable. Por el contrario, muchos economistas se distancian en algunos temas y luego se acercan como asíntotas o bien se pasan directamente al mismo terreno en algunos tópicos. Por tanto es muy probable que algunos neoliberales se sientan ofendidos al ser llamados como tales mientras otros, siendo neoliberales ni siquiera se hayan percatado del fenómeno, tan solo se consideran liberales. Igual algunos liberales reclaman serlo porque dicen no ser conservadores, mientras otros se consideran como tales justamente por su perspectiva conservadora. Todo es una gama de colores y sabores. Depende pues de la perspectiva. Es como la perspectiva noticiosa. En Estados Unidos la mayoría considera a la cadena de noticias CNN como izquierdista porque la conservadora es la cadena FOX mientras en Latinoamérica la mayoría diría que CNN presenta la perspectiva de la potencia norteamericana, por tanto, sus noticias hay que pasarla por el tamiz de la duda ya que no siempre es objetiva en sus despachos por ser conservadora a la vista del gran público latinoamericano.

Así mismo es la perspectiva económica. Depende de quien la analice. Desde nuestro punto de vista la génesis del neoliberalismo está en el libro Principios de Economía Política del austriaco Carl Menger, quien vivió desde mediados del siglo XIX hasta principios de la segunda década del siglo XX. Aunque Menger era genéticamente austriaco, realmente nació en Polonia ya que su ciudad natal Galizia en aquel momento era parte de Austria, pero hoy lo es de Polonia. Menger no era economista sino abogado. Nada de extrañar. En Latinoamérica los abogados hablan de economía como si fueran expertos en esta ciencia social con la sola diferencia que Carl Menger sí sabía de lo que hablaba o escribía. Se graduó de derecho en la universidad de Cracovia y luego se dedicó a escribir noticias de economía como periodista.

En 1871 publicó "Principios de Economía Política". Su primer libro fue ignorado por la crítica, pero el segundo publicado en 1883 bajo el título *Investigaciones en el Método de las Ciencias Sociales con Referencia Especial a la Economía*" fue desdeñado y sus posiciones fueron el centro de la burla en los círculos intelectuales de la época. De hecho, el término "escuela austriaca" fue generado en forma peyorativa después de la batalla de Koniggratz, en donde se enfrentaron los dos países de origen germánico, ganando Alemania sobre Austria. Después de esta batalla desarrollada en lo que hoy es territorio de la república Checa en 1866, austriaco era un término peyorativo en la Alemania triunfante. Por tanto, los alemanes encabezados por Gustav von Schmoller, fundador de la escuela historicista moderna, se mofaron de los escritos de Menger y le atribuyeron ser cabeza de la corriente económica que denominó "escuela austriaca". Sería como hoy llamarla escuela gallega por el número plural de chistes contra los gallegos, atribuyéndole una estupidez a todas luces exagerada. A la polémica entre Menger y Schmoller se le conoce como el "Methodenstreit", o debate metodológico entre las escuelas historicista moderna y austríaca.

La escuela austriaca fue luego desarrollada por el discípulo de Menger, Eugen Böhm-Bawerk. La principal diferencia entre los clásicos y la escuela austriaca es que estos últimos enfatizan en la demanda en vez de la oferta y en la utilidad en vez de los costos de producción.

Tal vez el primero en utilizar el término neoliberalismo fue Ludwig von Mises en su libro publicado en 1927 "Liberalismus" usa el término para referirse a los economistas de corte socialista que no siendo a su juicio suficientemente laiz affairistas se hacen pasar por liberales. Pero eso fue dos años antes que se iniciara la gran depresión de la economía mundial y que se llevara en su rodada todo el prestigio del modelo liberal.

Algunos economistas, sobre todo de la corriente liberal, muy desprestigiada después de la caída de la bolsa de 1929, recuperan algunos aspectos de los propuestos por Menger y agregan algunos elementos de su propio pecunio para generar una corriente crítica a keynes, quien era en ese momento la nueva estrella rutilante de la bóveda económica celestial. Luego de la debacle de la bolsa de Nueva York a los economistas de la corriente contra la intervención del estado en la economía les costó muchos años para recomponerse, aunque solo para reunirse como corriente. Tal fue el golpe a su concepto de la mano invisible que nunca llegó a recomponer la economía como lo prometieron. Pero en 1938 se realiza el encuentro de París, en donde se encuentran entre otros Friedrich Von Hayek, Ludwig Von Mises, Alexander Rüstow, Wilhelm Röpke, Detauoff, Condliffe, Polanyi, Lippman y Baudin. Aquí se reúnen los llamados nuevos liberales y se vuelve a acuñar el término neoliberalismo con una nueva acepción. Su nuevo significado es más un neologismo de liberalismo neoclásico para diferenciarse del liberalismo clásico de Adam Smith y David Ricardo.

Esta corriente no paso de ser un coloquio entre intelectuales caídos en desgracia durante mucho tiempo. Luego de la segunda guerra mundial se da el llamado "boom" de la posguerra y el pensamiento keynesiano no solo se afinca, sino que se fortalece de la mano del gran crecimiento de la economía mundial, la recuperación milagrosa de Europa y la introducción, en versión tropical, del modelo keynesiano en Latinoamérica mediante el llamado modelo de sustitución de importaciones.

Sin embargo, los neoliberales, herederos de la escuela austríaca, no desmayaron. En 1947 la mayor parte de los economistas liberales como Ludwig Von Mises, Friederich Von Hayek y Milton Friedman, junto con algunos periodistas y el filósofo Karl Popper se suben todos en un automóvil compacto y se dirigen hacia Mont Pelerin en Suiza, donde se reúnen para rememorar los viejos tiempos y establecer una nueva estrategia, mientras devoraban quesos suizos y bebían vino de la casa. De esta reunión surge como líder el austriaco Friederich Von Hayek quien luego publica el libro "The Road to Serfdom" en donde compara al keynesianismo como una ruta similar al derrotado fascismo hitleriano, estableciendo la igualdad en que ambos, junto con el comunismo soviético, impulsan el intervencionismo estatal. El liderazgo del austriaco Hayek es lo que lleva a la falsa creencia de algunos que referirse a la escuela austriaca de la economía se debe a este economista nacido en Viena.

Luego de la crisis del modelo keynesiano en la década del setenta en donde este se muestra incapaz de responder a la recesión mundial y en cambio se crea el nuevo fenómeno de la estanflación y ante la inconsistencia de la llamada curva de Phillips, que enfrenta la disyuntiva desempleo vs inflación, además de la crisis de la deuda de la década del ochenta también llamada la década perdida, resultado lógico de la danza de los millones de la década del setenta, surge como opción de modelo económico alternativo el neoliberalismo, patrocinado por las instituciones financieras internacionales. Pero esta nueva versión del viejo liberalismo clásico y neoclásico se reedita sin mano invisible y con intervención estatal, pero solo como garante de la libre oferta y demanda y para teóricamente evitar los monopolios privados.

X NEOLIBERALISMO II
EL CONSENSO DE WASHINGTON

El modelo keynesiano, recordemos, entró como un salvavidas ante la gran depresión mundial de 1929, pero el neoliberalismo, contrariamente, tuvo su entrada en escena para organizar lo que de hecho ya había sido implementado por organismos financieros, pero también políticos.

Creo que muy pocos podrían discutir que el inicio de la implementación del modelo neoliberal se dio en Inglaterra con la entrada de Margaret Thatcher, la llamada Dama de Hierro y el gobierno del partido conservador inglés en 1979, aunque desde 1974 Milton Friedman, aventajado discípulo de Hayek, había calado en la dictadura de Augusto Pinochet en Chile, influenciando de paso a la economía de este país por ser muy conveniente en la coyuntura para los grandes intereses económicos que se habían quedado solos en la palestra, ante la desaparición física de los críticos al régimen dictatorial.

Margaret Thatcher era de profunda formación conservadora. En 1971, durante su primera participación en un cargo importante en el gobierno conservador de Edward Health y actuando como Secretaria de Estado para la Educación y Ciencias, eliminó la entrega de leche gratuita a los escolares y presionó por una importante reducción del presupuesto educativo. En 1979 se convierte en la primera mujer primera ministra de Inglaterra con una campaña de extrema derecha. Su decisión de aplicar un modelo posteriormente llamado neoliberal fue más política que económica. Estaba profundamente en contra de cualquier política social del estado. Fue por eso que eliminó impuestos a las grandes empresas, pero elevó el impuesto al consumo en forma extraordinaria llevándolo al 15%. La crisis de la deuda de 1982 la encuentra en el poder político y la profunda crisis del modelo keynesiano que ya se había iniciado desde finales de los sesenta pero que se había profundizado en los setentas le quedó como anillo al dedo. Vale la pena adicionar que el alias de la Dama de Hierro fue creado por Estrella Roja, un diario publicado por el ministerio de defensa de la extinta Unión Soviética, luego de un discurso profundamente antisoviético en donde Thatcher se quejaba que los rusos ponían las armas antes que la mantequilla mientras ellos, los ingleses, ponían cualquier cosa antes que los hierros. Pero el término de la dama de hierro fue muy bien recibido por la Thatcher, contrario a las intenciones del gobierno ruso.

La crisis de la deuda se inicia en 1982 cuando México informa que no puede pagar los saldos vencidos del servicio de su deuda externa. Ante esto, las instituciones financieras internacionales, especialmente el Banco Mundial y el Fondo Monetario Internacional, inician a tener un papel estelar en la crisis. Se teme que el caso de México sea copiado por un número plural de países endeudados hasta las narices, luego de que fueran inundados por préstamos sin control por parte de dictaduras militares corruptas que se gastaron gran parte de los préstamos en francachelas, desfalcos millonarios y desproporcionados presupuestos militares.

Margaret Thatcher suma a su causa al flamante presidente de los Estados Unidos Ronald Reagan, un ex actor de westerns y ex gobernador de California. Reagan, al igual que Thatcher, implementa una política de reducción de impuestos a las grandes empresas, pero a diferencia de

Thatcher, Reagan desarrolla una política económica de elevado gasto estatal. De hecho, el déficit fiscal norteamericano se duplicó durante su gobierno y la deuda pública pasó de 40% del PIB al 70% del PIB.

Las instituciones financieras internacionales se toman pues la iniciativa de la política económica. Estas se limitan a desarrollar la actitud del agiotista con el fin de recuperar la enorme deuda de los países subdesarrollados. Adicionalmente debido a la crisis financiera iniciada en 1982 las tasas de interés se elevan como fuegos de artificio.

Las instituciones financieras internacionales (IFIs) crean entonces los llamados planes de ajuste estructural. Estos planes tienen como objetivo que los países deudores puedan pagar sus saldos vencidos, para esto deben primero vender sus activos fijos iniciando con todas las empresas que disponga el estado.

Recordemos que el mundo venía de un modelo económico en donde el estado tenía una gran participación. En Panamá, por ejemplo, no solo existían las empresas estatales de luz y teléfono, el estado poseía hoteles como el de Taboga, una fábrica de cemento (Bayano), Air Panamá, Cítricos de Chiriquí, los grandes ingenios azucareros, ente otros. Lo mismo ocurría en los otros países. Así que las instituciones financieras pasan a "proponer "a los gobiernos que vendan las empresas para pagar su deuda. Esto por supuesto va a acompañado de otras medidas como reducción de planilla estatal, aumento de impuestos y demás, todo con el objetivo primario de pagar la deuda. A cambio, las instituciones financieras le entregan ante el cumplimiento de cada paso del acuerdo, un caramelo llamado dinero fresco. Esto es nuevas deudas, esta vez a altos intereses, para que los gobiernos no quiebren y que no se creen nuevas crisis políticas. Estos acuerdos llamados planes de ajuste estructural tenían como formato las llamadas cartas de intenciones.

Pero gran parte de los acuerdos con las instituciones financieras internacionales tenían el pecado de la ilegalidad, ya que ningún órgano ejecutivo podía comprometerse a pasar una ley que transfiriera las empresas públicas a la empresa privada. Esto es así porque sería necesaria una ley y esto es privativo del órgano legislativo. Entonces se creó el mecanismo de las cartas de intenciones. Este consistía en que el ministro de economía del país correspondiente enviaba una carta al Banco Mundial o al Fondo Monetario Internacional enumerando cuales eran sus intenciones. Este era suficiente para las IFIs, siempre que existiera un calendario y que este se cumpliera pues cada paso de cumplimiento era monitoreado y se desembolsaba una cantidad de dinero fresco en calidad de préstamo. Como puede verse lo banca internacional co-administraba los estados con los gobiernos de turno.

A pesar de esto, o debía decir debido a esto, la deuda de los países latinoamericanos pasó de 300,000 millones de dólares en 1982 a 600,000 millones de dólares en 1997. La venta de activos no era el único requisito. La apertura del mercado mediante eliminación de restricciones a la inversión extranjera y la reducción de aranceles tanto como la elevación de los impuestos eran otros de los requisitos para la obtención del dinero fresco. Estas medidas se copiaban como receta de país en país, al punto que el premio nobel de economía y vicepresidente del Banco Mundial Joseph Stiglitz escribió posteriormente que en el Banco

Mundial solo cambiaban el nombre del país en la redacción de las recomendaciones sin sentarse a analizar las diferencias entre cada uno de ellos.

Este proceso de ajustes estructurales se inició en 1982 pero no fue sino hasta 1989 que estas medidas se sistematizan en el llamado Consenso de Washington. Esto es lo que le da coherencia interna al nuevo- viejo modelo económico cuyas raíces se ubican en la Austria de Carl Menger poco después de que el imperio austrohúngaro fuera derrotado por el ejército prusiano en la batalla de Sadowa en 1866.

XI NEOKEYNESIANISMO

En algún momento hemos afirmado que entre los economistas no hay consenso, y que aun entre los consensuados hay diferencias, al punto que es difícil encasillarnos en posiciones delimitadas por una frontera. Por el contrario, existen algo así como matrices y matices en donde nos encontramos en algunos puntos, pero nos distanciamos en otros

Eso no significa para nada que no puede haber escuelas de pensamientos en donde es posible colocar a un grupo de economistas, pero que a su vez se confrontan en algunos aspectos de esa misma escuela. Si es necesario, y lo es, ubicar las posiciones de los economistas, yo diría que podríamos establecerlo en función de cuál es el nivel de participación estatal que propone.

Ya sabemos que los de ideología liberal clásica pregonan el laissez faire y la mano invisible. O sea cero tolerancias a la intervención estatal. El pensamiento keynesiano recupera la posición del estado como motor de creación de demanda, pero dándole a la clase empresarial la iniciativa en las decisiones económicas. Ya sabemos que el marxismo propugna por un salto cualitativo que nos lleve a la eliminación de la burguesía y la socialización de los medios de producción. Luego tenemos a los de la escuela austriaca, seguidores de Friedrich Von Hayek y su discípulo Milton Friedman que se proponen y logran una variante neoliberal, en donde el estado garantiza que no existan monopolios y que se respeten las leyes de la libre oferta y demanda, pero solo hasta ahí.

La respuesta neoliberal ante la crisis de los ochenta iniciados por la estanflación de los setenta se encuentra, ya lo sabemos, con el fenómeno de la globalización que reclaman como fruto de sus políticas de apertura económica. Pero este modelo, aplicado mediante el mayor consenso de gobiernos de que se tiene memoria hace aguas a inicio del siglo XXI y hace verdadera hecatombe en el año 2008 con la crisis financiera mundial, que inicia en los Estados Unidos pero que se riega como marabunta por el resto de los países desarrollados.

En este momento los fundamentalistas neoliberales ante los ojos atónitos del mundo quemaron sus propios libros e iniciaron un nivel de intervención estatal solo comparable con las revoluciones marxistas. El estado norteamericano estatizó grandes bancos y fábricas de automóviles y subvencionó empresas para evitar su quiebra. La Chrysler recibió 6,600 millones de financiamiento y cuatro de sus nueve miembros fueron nombrados por el gobierno federal de Estados Unidos y uno por el gobierno canadiense que colaboró con financiamiento para salvar a la empresa privada de la quiebra.

Al igual que el neoliberalismo en la década del ochenta, que surge para justificar medidas ya tomadas como la intervención de la instituciones financieras internacionales, en especial el FMI y el Banco Mundial, quienes prácticamente cogobiernan los países endeudados, luego de la crisis financiera debe surgir un modelo que justifique la intervención estatal, ya no para afirmar que el estado es ineficiente por antonomasia y que se deben entregar las empresas estatales a la empresa privada, sino para que el estado salve a los iconos de la libre empresa y del neoliberalismo como tal. Había que vivir para verlo. No basta el argumento práctico que cambiaron parcialmente de opinión, que aún creen que se deben privatizar las ganancias, pero ahora piensan que hay que socializar las pérdidas.

Estamos en medio de cambios económicos tan profundos como en el momento del "new deal", de la década del treinta que introduce en escena al modelo keynesiano, o en momentos de la llamada "crisis de la deuda" de los ochentas, que introduce el neoliberalismo y cabalgando en su cresta la globalización.

El sector que dio la alarma por la tendencia a la crisis del modelo neoliberal está liderado por los llamados neo keynesianos que incluye a Baumol, Krugman, Soros, Samuelson, Meier, Stiglitz y hasta hace poco a Ben Bernake, que teóricamente se ubica como neo keynesiano, pero en la práctica se convirtió en monetarista cuando ocupó la posición de presidente de la reserva federal norteamericana.

Yo personalmente considero que el desmantelamiento del modelo neoliberal lo inició el presidente norteamericano George Bush, luego de los atentados terroristas del once de septiembre de 2001, cuando le otorgó subvenciones a las compañías aéreas norteamericanas para evitar su colapso.

Unos años después, en medio de la crisis financiera en 2008, el gobierno republicano invirtió miles de millones de dólares en acciones de bancos y empresas privadas, con lo cual rompe con el modelo neoliberal que hasta ese momento abrazaron con verdadera pasión.

En Latinoamérica este fue aplicado por el gobierno de Néstor Kirchner en Argentina, pero también en Bolivia, Brasil, Ecuador, Nicaragua, por supuesto Venezuela, en donde el modelo fue bautizado por Hugo Chávez como socialismo del siglo XXI.

En Panamá, la ruptura del modelo neoliberal se inicia en el gobierno de Martin Torrijos, con el plan de venta de los llamados "productos compita", en donde el estado se involucra en la economía, luego las farmacias "compita" y la "red de oportunidades", que copia la iniciativa desarrollada con mucho éxito por el gobierno socialista de Luiz Ignacio Lula Da Silva en Brasil.

El gobierno panameño que inicia en el año 2008 encabezado por el multimillonario Ricardo Martinelli profundiza la ruptura del modelo neoliberal con el plan denominado "Cien a los Setenta", la llamada "Beca Universal", entre otras. Esto lo convirtió en el gobierno que más subsidios estatales otorga en la historia del país. Esto es una aplicación, aunque sabemos inconsciente, del reciclado modelo keynesiano por parte del gobierno de coalición arnulfista- Cambio Democrático. Además, nacionalizó los corredores que el expresidente Perez Balladares había privatizado durante la ejecución del modelo neoliberal.

En el año 2014 toma posesión el gobierno de Juan Carlos Varela quien fue el vicepresidente de Martinelli, pero salió de su gabinete a los 26 meses debido a diferencias políticas, no económicas.

El gobierno de Varela introduce nuevos elementos del modelo neo keynesiano con la implementación del control de precios sobre veintidós productos de la canasta básica de alimentos y eleva los subsidios.

Muy pocos pueden adivinar la evolución futura de este nuevo-viejo modelo Neo keynesiano que hizo crisis al inicio de la década del ochenta del siglo pasado y ahora resurge de entre sus cenizas, pero si hay algo de lo que podemos estar seguros es que sin duda el modelo neoliberal ya es historia. Murió aplastado bajo la caída de la crisis hipotecaria que llevó al mundo a la crisis financiera de 2008.

Su sepulturero fue George Bush y el partido republicano, hasta ese momento sus mayores defensores. Estos políticos republicanos ultra conservadores aplicaron la campaña más colosal de rescate de empresas en la historia dedicando miles de millones de dólares de los contribuyentes norteamericanos para salvar de la quiebra bancos e industrias, incluyendo la Chrysler que pasó a ser del estado norteamericano, quien compró 60 mil millones de dólares en acciones de la empresa quebrada.

Esto no es novedoso ya que, en la década del setenta, cuando se aplicaron en los Estados Unidos las medidas de control de precios que agudizaron la crisis económica norteamericana, estas fueron ejecutadas por Richard Nixon, presidente germinado del conservador partido republicano, lo que demuestra que en medio de una crisis económica los más keynesianos hasta ahora han solido ser los liberales.

XII GLOBALIZACION

Muchas veces utilizado como muletilla para justificar los avances tanto como las desgracias de la humanidad. La globalización es un concepto que a nuestro juicio no ha sido claramente definido.

Vemos que algunos autores con formación económica van de lo superficial a lo inaceptablemente genérico. Unos plantean que la globalización principia cuando Cristóbal Colón inicia la invasión de América ya que es en este momento que se mundializan las relaciones económicas políticas y culturales. Nada más extravagante. Es como afirmar que la revolución industrial se inicia con el descubrimiento del fuego pues sin su calor no habría sido posible la máquina de vapor. Otros escritores, algunos sin la menor sospecha de lo que es un aula de clases en donde se describan los procesos que explican las relaciones productivas, se aventuran a mencionar lo interesante que resulta el término de aldea global, por lo inquietante que suena lo contradictorio. Finalmente existe la tesis que la globalización se inicia con la explosión de la bomba atómica que los norteamericanos hacen estallar en Hiroshima debido a que por primera vez la humanidad se percata de su posible autodestrucción. No deduzco la relación.

Sin embargo, es meritorio aclarar que los analistas más diligentes en el tema incluyen una serie de conceptos que aclaran la diferencia entre la forma de producir antes y después de la globalización y se acercan sin llegar al meollo de este fenómeno mundial.

A propósito de aquellos que no tienen formación económica tenemos a Lew Rockwell, un comentarista político impulsador del capitalismo anárquico quien define a la globalización como:

"Un proceso fundamentalmente económico que consiste en la creciente integración de las distintas economías nacionales en una única economía de mercado mundial"[1]

Demasiado escueto.

Pero veamos la definición etimológica. El término globalización es un anglicismo. *Globalization* en su definición anglosajona es mundialización o establecimiento a escala mundial. No es un término acuñado por alguna conferencia de expertos, solo es una mala traducción del inglés ya que en español el término traducido sería mundialización en todo caso.

Pero esto no es simple gramática. Veamos algunas definiciones más autorizadas: Según el Fondo Monetario Internacional:

"La globalización es una interdependencia económica creciente del conjunto de países del mundo, provocada por el aumento del volumen y la variedad de las transacciones transfronterizas de bienes y servicios, así como de los flujos internacionales de capitales, al tiempo que la difusión generalizada de tecnología".[2]

En cambio, para la Comisión Económica para América Latina (CEPAL) la globalización es:

"El proceso mediante el cual una parte mayoritaria y creciente de la riqueza y el valor se genera o produce a través de redes privadas interconectadas de producción y abastecimiento".[3]

La perspectiva de la Organización Mundial del Comercio (OMC) podemos colegirla del planteamiento de Pascal Lamy, director general de este organismo:

"El Informe sobre el Comercio Mundial de este año se centra en la importancia del comercio en un mundo que durante los últimos decenios se ha caracterizado por una dependencia creciente entre los países. Esta interdependencia que hoy llamamos globalización es un fenómeno complejo y polifacético que comporta una intensa interacción política, social y económica a escala nacional e internacional."[4]

Todo lo anteriores poseen elementos rescatables, sin embargo a nuestro juicio la definición más precisa seria:

"La globalización es la transnacionalización del proceso productivo"

Expliquemos. Antes de la revolución industrial, en la edad media, durante los estertores del sistema económico feudal, el proceso productivo se desarrollaba mediante los gremios. Estas eran asociaciones productivas en donde se agrupaban los participantes de pequeños talleres de producción, según el nivel jerárquico, los maestros, los oficiales y los criados aprendices. Basados en una rígida organización interna, los maestros dirigían el grupo artesanal localizado en talleres en donde los oficiales podían llegar a ser maestros con el tiempo, mientras los criados aprendices estaban confinados a permanecer en su bajo nivel. Lo interesante es que el proceso de fabricación era realizado por un solo oficial o maestro con los ayudantes. Por ejemplo, a partir del cuero curtido el oficial o maestro cortaba, cosía pegaba y teñía el producto, logrando un producto final artesanal diferente a cualquier otro.

El proceso productivo pega un salto al estallar la revolución industrial a mediados del siglo XVIII con la invención del hilar de Jhon Kay que permitía ovillar varios hilos al mismo tiempo. Luego la invención del bastidor para hilar de Richard Arkwright y más tarde la combinación de ambas por Crompton que le dio la funcionalidad que permite bajar los costos de producción de vestidos, al punto de poder masificar su venta en Europa. Finalmente, lo más importante, el surgimiento de la máquina de vapor. Esta revolución industrial cambió el proceso productivo y lo llevó invariablemente a la especialización. Sería muy largo enumerar la sistematización teórica que le dio Adam Smith principalmente a la especialización. Lo interesante es, para seguir nuestro ejemplo, que ahora cada uno de los participantes del proceso se especializará en aquello en lo que es más eficiente. Los hiladores, los cortadores, los costureros, los que tiñen, los talabarteros, cada uno en su área ayudados definitivamente por el salto en la tecnología de la época, lo cual eleva los niveles de producción a tal punto que se le considera una revolución. Desde ese momento la industria se apodera de la cabeza de los sectores productivos por encima del comercio y el sector agropecuario.

Este salto es pues un fenómeno en donde se conjugaron tecnología con condiciones favorables y que al final resultan en un nuevo sistema de producir. Las condiciones favorables para el desarrollo de este proceso las brinda un nuevo sistema económico: el capitalismo y un modelo económico: el liberalismo.

A fines de la década del 80 e inicios de los 90 del siglo pasado se desarrolla un fenómeno en donde también se conjugan nuevas tecnologías, algunas que llevaban décadas de existir. Recordemos que el hilador de Kay y el bastidor de Arkwright hubieran sido inservibles sin que existieran las condiciones políticas y económicas para que el invento de Crompton se introdujera en el mercado, y la máquina de vapor exigía las condiciones sociales para imponerse por encima del sistema de gremios, que ejercían un alto nivel de poder y en contra de quienes se imponía el nuevo proceso productivo.

No todos los elementos llegaron al mismo tiempo a la revolución industrial. Muchos de los inventos llevaban décadas sin que se le diera un uso práctico.

A finales de la década del XX del siglo XX se desarrolla la más espantosa crisis del sistema capitalista.

Durante los llamados años locos las acciones de la bolsa de valores ubicada en la denominada calle Wall debido al muro construido muchos antes para dividir los sectores de los ingleses con los de los inmigrantes holandeses que se enfrentaban en pandillas diariamente, subían de precio en forma vertiginosa.

La gran mayoría de los inversionistas no entendía cómo funcionaba la bolsa de valores, solo sabía que compraba acciones y después de un corto tiempo recibía ganancias a niveles inmorales.

La década del veinte en general había manifestado muy buenos números para la economía. La industria norteamericana se aprovechó de la destrucción de la capacidad instalada europea tras la primera guerra mundial. Igualmente, la producción agrícola se elevaba empujada por la demanda mundial, pero a diferencia de la industria los precios de los artículos producidos por el sector primario de la economía se mantuvieron bajos. Recordemos que el territorio de Estados Unidos no fue teatro de operaciones de la conflagración mientras en Europa la guerra de trincheras destruyó tanto la industria como la producción agropecuaria. No fue fácil la recuperación, especialmente para Alemania, cuya rendición determinó el armisticio de Versalles que le obligaba a un nivel de compensaciones para los triunfadores de la guerra que prácticamente la incapacitaba para recuperar sus niveles de producción. Alemania queda obligada a pagar compensaciones anuales por 1,200 millones de francos oro. Estados Unidos, Australia y Japón en cambio podían aprovechar su industria intacta para ocupar los mercados que los europeos no podían recuperar tras la guerra.

Se vivía pues en Norteamérica una euforia acompañada por los nuevos ritmos del chárleston, en los salones de bailes y el jazz en los sótanos de los barrios marginales alimentada por las bebidas alcohólicas ilegales procedentes de Canadá. Muy pocos para no decir que nadie esperaba el desastre económico que cayó como un asteroide en medio de Wall Street.

La semana antes del fatídico jueves 23 de octubre de 1929, la bolsa de valores de Nueva York sufrió una inusual venta de acciones. Este fue el primer remezón, una primera campanada que anunciaba la tragedia. El jueves 24 de octubre, conocido como el jueves negro, se pusieron a la venta 13 millones de acciones por debajo de su valor sin que existiera un número igual de compradores. Ese día la policía cargó contra los inversionistas que rodeaban el edificio de la bolsa de valores de Nueva York. Parecía que se había tocado fondo. Para el viernes parecía que lo peor había pasado. Hubo una estabilización producto de la compra de un gran número de acciones por encima de su precio por un agente al servicio de los bancos, mediante un acuerdo del Chase Manhattan Bank, el JP Morgan Chase y el National City Bank, que juntos pusieron el dinero para comprar acciones por encima de su valor, para tratar de tranquilizar a los inversionistas y evitar el nerviosismo que determinara una estampida de vendedores al mejor estilo del viejo oeste.

Sin embargo solo se aplacó por unos días. El lunes 28 el promedio Dow Jones cayó 13%. El martes 29 se colocaron a la venta 33 millones de acciones. El pánico ya era incontrolable. Mareas humanas tratando de vender sus acciones a cualquier precio. Los inversionistas arruinados se tiraban de los rascacielos neoyorkinos, otros retiraron sus ahorros descapitalizando los bancos. Cuando por fin se disipó el humo no menos de 32,000 empresas habían desaparecido, unos 2,000 bancos habían cerrado, más de un millón de inversionistas habían perdido la totalidad de sus ahorros, un 25% de la población económicamente activa se encontraba desempleada, la producción industrial se contrajo en un 50%, el comercio mundial en un 66%. El promedio Dow Jones bajó en un 89%, el precio de las acciones bajó a un nivel tal que no logró recuperar su valor previo a la depresión hasta 1954.

La bolsa de valores no es en sí misma la causante de la llamada gran depresión. Es tan solo un reflejo de lo que sucede en la economía. Varios factores fueron los detonantes que determinaron la crisis: la mala distribución de la renta, un aumento en la producción que llegó al nivel de no contar con una contraparte en la demanda, esto determinó un aumentó en los inventarios fundamentalmente por la incapacidad de Europa de seguir adquiriendo productos ante un aumento en los aranceles de importación en Estados Unidos que le contrajo a su vez la demanda y por tanto su poder adquisitivo.

La utilización de un modelo económico basado en la premisa que el aumento de las exportaciones y la reducción de las importaciones era lo más conveniente para fortalecer la economía interna. Y lo era por un tiempo hasta que se reducen las exportaciones porque se debilitan los países a los que se exporta quienes se ven limitados entonces en su capacidad de compra al extranjero.

La gran depresión se mantuvo además por la insistencia en seguir con un modelo agotado, el modelo liberal para quien el concepto de "laissez faire" determinaba que lo más conveniente ante la crisis era simplemente no hacer nada... la mano invisible iba a estipular que luego de la crisis venía un punto de inflexión que cambiaba el signo de la curva, llevando inexorablemente hacia la recuperación y de vuelta hacia el auge.

La caída del modelo liberal fue aparatosa. Algunos pensaron que era la caída del sistema capitalista por corolario, convencidos estaban que el modelo liberal y el capitalismo eran exactamente lo mismo.

La realidad demostró lo contrario. Un nuevo modelo surgió para levantar el sistema acomodándose a la nueva realidad. Este fue el modelo keynesiano. Cae el modelo, pero sobrevive el sistema.

En 1982 el modelo keynesiano hace aguas y cae en medio de la crisis de la deuda para permitir el surgimiento del modelo neoliberal.

Es en medio de este modelo que se da el fenómeno conocido como globalización.

Recordemos que no todos los elementos que determinaron la revolución industrial surgieron al unísono. Algunos existían durante mucho tiempo previo. Igualmente sucede en el nuevo salto del proceso productivo llamado globalización. La invención del chip se efectuó en 1958 por Jack Kilby, premio nobel de física, quien trabajaba para Texas Instruments. Igual el internet, cuyo desarrollo si bien tuvo su génesis en 1969 en el llamado ARPANET con el cual se comunican las universidades de Stanford y UCLA, la world wide web (www) como la conocemos, surge en 1989 en el CERN (Conseil Européen pour la Recherche Nucléaire), es decir, Consejo Europeo para la Investigación Nuclear de Ginebra, donde un grupo de físicos encabezado por Tim Berners-Lee creó el lenguaje HTML. En 1990 el mismo equipo construyó el primer cliente web, llamado World Wide Web (www) y el primer servidor web.

La conjugación de estos elementos tecnológicos junto con el ambiente adecuado que resultó del llamado consenso de Washington, término acuñado por John Williamson, en donde se sistematizan las medidas en que se estructura la aplicación del modelo neoliberal, propuesto por Friedrich Von Hayek en su libro "The Road to Serfdom" y luego secundado por Milton Friedman.

Antes del llamado Consenso de Washington, desde 1982, muchas de estas medidas se aplicaban desordenadamente en los países por presión de las instituciones financieras internacionales. La conjugación de un ambiente húmedo y cálido como lo es el modelo neoliberal que reduce barreras arancelarias y presiona por la privatización universal, junto con la existencia de un salto en la tecnología con la informática y la robótica, determina que el proceso productivo se transnacionalice.

Es cierto que las multinacionales existen desde finales del siglo XIX y que fueron fortaleciéndose más después de la segunda guerra mundial, pero sus sucursales desarrollaban casi todo el proceso productivo en los países en donde vendían su producción. Esto, colaborado por un modelo económico keynesiano o de sustitución de importaciones, cuya política de altos aranceles presionaba para que las empresas industriales se establecieran en el lugar en que se situaba la demanda.

Al eliminarse estas barreras arancelarias con la caída del modelo keynesiano en 1982 y con el salto en la tecnología, las trasnacionales elaboran la parte de la producción en el país que les es más conveniente. El caso más evidente es la computadora. Sus componentes externos, hardware, pueden ser elaborados en Malasia, los chips en Taiwán, los softwares en EEUU o Japón, pero termina de construirse en la tienda en que se vende, dependiendo si el cliente lo quiere con tarjeta de memoria de 2,000 o 5,000 gigabytes, si quiere tarjeta de video, si quiere Windows 8.1 o Windows 10, cuantas salidas de usb o si necesita dvd player.

Esto es el elemento fundamental que define la globalización. El proceso productivo se fragmenta y transnacionaliza. Los demás elementos son solo compañeros de viaje.

BIBLIOGRAFIA

LIBROS:

Argote, Felipe. **Historia de la Economía del mercantilismo al modelo neokeynesiano**. DaJa Ediciones. Panamá. Segunda edición. 2014.

Bernanke, Ben y Robert H. Frank. **Microeconomía**. Mc Graw Hill. Tercera edición. 2007.

Bernake, Ben y Grank Robert. **Macroeconomía.** McGraw Hill. Madrid. 2007. Tercera edición

Berg, Andrew y Borensztein, Eduardo **Macroeconomía**. McGraw-Hill. México. 3a edición. 2007.

Chacholiades, Miltiades. **Economía Internacional**. México. McGraw Hill.1981.

Díaz, Ovidio. **Política y Pobreza**. Fundación libertad. Panamá. 2009.

Hershell Federico J. **Política Económica**. Siglo veintiuno editores. Argentina. 1973. Octava edición

Hitt, Michael, Black Steward, Porter, Lyman. **Administración.** Pearson Prentice Hall. México. 2005.

Krugman, Paul. **Economía Internacional**. Addison Wesley editorial. Madrid. Quinta edición.2000.

Parkin, Michael; Esquivel, Eduardo Loria. **Macroeconomía. Versión para Latinoamérica**. Pearson, 9ª edición, México. Primera edición, 2001.

Mankiw, Gregory. **Principios de Economía**. McGraw Hill. Madrid. 1998.

Saborio Sylvia. **Elementos de Economía**. Editorial Universidad Estatal a Distancia. San José. 1991. Octava edición.

Sachs, Jeffrey, Larraín, Felipe. **Macroeconomía en la Economía Global.** Prentice Hall. México.1994

Sampieri, Roberto, Fernández Carlos, Baptista Pilar. **Métodos de la Investigación**. McGraw Hill. México. Segunda Edición. 1995.

Samuelson Paul y Nordhaus William.

Macroeconomía. Mc Graw Hill. 19edición. 2010

Stiglitz, Joseph E. **El malestar en la globalización**. Madrid, Taurus, 2002.

Stiglitz, Joseph. **Freefall**. W.W. Norton & Company. 1era edición. New York. London. 2010.

Soros, George. **El nuevo paradigma de los mercados financieros. Para entender la crisis económica actual**. Taurus, 1ª edición, México, 2008.

Tacsan Chen, Rodolfo. **Elementos de Macroeconomía.** Editorial Universidad Estatal a Distancia. 2001. Costa Rica. Primera edición

Vargas Sánchez, **Microeconomía. Introducción a la teoría económica. Un enfoque latinoamericano**. México. 2006.

Von Mises, Ludwig. **Política Económica**. Unión Editorial S.A. Segunda edición. 2009.

PÁGINAS DE INTERNET:
1. Web page de Lew Rockwell. http://www.lewrockwell.com/
2. Página del Fondo Monetario Internacional. http://www.imf.ogr/.

3. Página de la Comisión Económica para América
    Latina y el Caribe CEPAL. http://www.eclac.org/.
    2009

4. Pascal Lamy. Director de la Organización Mundial
    de Comercio OMC en página web de la
    OMC. http://www.wto.org/.

5. El   blog   de   Felipe   Argote
    http://www.elblogdefelipeargote.net/

OTRAS PUBLICACIONES DE DAJA EDICIONES

La Privatización del INTEL. Primera edición. 1999.
El Elegido. Daniel Argote. Primera Edición. 2003.
El Elegido. Daniel Argote. Segunda Edición. 2011.
Cuarto Oscuro. Felipe Argote. Primera Edicion.2001.
Cuarto Oscuro. Felipe Argote. Segunda Edición 2011.
Historia de la Economía. De los Mercantilistas al Modelo Neo keynesiano. Primera edición 2011.
Historia de la Economía. De los Mercantilistas al Modelo Neo keynesiano. Segunda edición 2015.
Un Experimento llamado Tierra. Felipe Argote. Primera edición. 2018
Manual de Finanzas para empresarios. Felipe Argote. Primera edición 2018

<u>**www.elblogdefelipeargote.net**</u>

En YouTube economía 101